JN409059

정진홍 시인

정진홍 시집

도시공원

2018년 8월 20일 인쇄
2018년 8월 30일 발행

지은이 | 정 진 홍
펴낸이 | 강 경 호
인쇄 · 기획 | 도서출판 시와사람
등 록 | 1994년 6월 10일 제 05-01-0155호
주 소 | 광주시 동구 양림로119번길 21-1(학동)
전 화 | (062)224-5319
팩 스 | (062)225-5319
E-mail | jcapoet@hanmail.net

ISBN 978-89-5665-520-8 03810

값 12,000원

* 잘못된 책은 바꾸어 드립니다.

공급처 ■ 한국출판협동조합
경기도 파주시 탄현면 오금로 30
주문전화 (02)716-5616, 070-7119-1740

도시공원

국립중앙도서관 출판시도서목록(CIP)

도시공원 : 정진홍 시집 / 지은이: 정진홍.
-- 광주 : 시와사람, 2018
p. ; cm. -- (오늘의 시와사람 ; 095)

ISBN 978-89-5665-520-8 03810 : ₩12000

한국 현대시[韓國現代詩]

811.7-KDC6
895.715-DDC23 CIP2018027396

도시공원

정진홍 시집

시와사람

제 아내 여소자 루시아에게
이 시집을 바칩니다.

■시인의 말

인생을 '한 편의 시'라고 말한다,

사람의 해부 생리적인 조화로 자연에 널려있는 모든 생명체와 다양한 형태로 교감하며 살아가는 현상은 신비이며 경이로움이다.

가장 극적이고 감동적인 삶의 과정이 시라는 예술적인 작업을 통하여 새로 태어날 때, 사람의 삶에 대한 의의도 가치도 새롭게 생성된다고 생각한다.

이 시집은 오랜 세월 함께 생활하면서 서로 나누었던 그 수많은 시절, 대화며 말로 다 할 수 없는 수많은 상념을 함께 하였던 제 아내와 공유해야 할 결정이라고 감히 생각한다.

2012년에 췌장암을 처음 발견하였을 때의 그 극심한 충격을 내딛고 오랜 동안 굳건하게 투병을 하여 온 아내에게 존경과 사랑을 보내며 열심히 살아 온 나날의 보람이 결국은 하느님의 인도였음을 알았다.

뒤늦게 이를 깨닫게 한 것은 오래 전에 쓴 작품과 최근 시 작품을 정리하면서다,

미몽의 자신 이였음을 알게 한 분께 진심으로 감사드린다.

2018년 8월

정진홍

차례

제1부 어느 햄을 위한 반주

제2부 들풀을 위하여

제3부 늦게 쓴 사랑의 편지

제4부 작은 순례길

제1부

어느 햄을 위한 반주

도시공원

사월의 마지막 주일이 바쁘게 흘러가고
푸른 잎새 자랑하는 나무들 사이로
찬란한 햇볕이 부지런히 달려가네
바람에 잎이 흔들려도 나무는
소리 내지 않는다
낙엽 되어 땅에 묻힐 걱정하는 얼굴을
너는 보았느냐
땅 위에서 사라져가는
지난날의 낙엽 무덤 주위에
들꽃 피어날 줄을 걱정하는 낙엽을
너는 알고 있느냐
모든 것이 지금이다
흔들리는 네 마음을 잡아라
나무의 푸른 잎새가 풍기는
생명의 훈훈함을 지금 마음껏 마셔라
시간을 셈하지 않는 낙엽의 지혜만이
절망을 넘어가는 힘이 되리라

증심천

물은 산의 눈물이다
눈물은 한의 결정이다
바다의 용트림이 하늘과 손잡은 순간
이 세계가 하나 되듯
무등산 눈물이 냇가 되어
증심사를 곁눈길하며 달음박질 한다
의재선생 화실에서
물과 하늘의 조화를 화선지 위에 뿌리며
달음박질 한다
수 백리 너머에서 바다가
기다리고 있을 줄 물이 어찌 알 수 있을까
바다가 한으로 뭉쳐 용트림하는 줄을
물이 상상이나 했을까
그래도 물은 흐른다
힘차게 흐른다
품속에서 살아 노니는
버들치 피라미 갈겨니 새끼를 안으며
오직, 이 순간을 모든 것의 시작으로
오늘을 산다

천주교 공원묘지에서

어머니는 눈물이 없는 분인 줄
알았습니다
어머니의 얼굴에서 노기 띤 모습을
본 적이 없었습니다
아무리 힘들어도 어머니는 여자 황제처럼
모든 걸 이겨내는 사람으로만
알았습니다

어머니의 장례미사에서
어린 자식들을 돌보는 삶이
힘들 때 찾아오시어
눈물로 하소연하셨다는
신부님의 회고담을 듣고서
비로소 그분의 슬픔을
알았습니다

자식의 자랑은 될수록 멀리하시고
아침 저녁으로
성모님에게 바치는 기도가 일과였던
나의 어머니

힘든 삶을 혼자 이겨내는 그 벅찬 숨소리
이젠 월산면 천주교 공원 묘원에서
바람소리로 남아 있습니다
외마디 소리가 나를 후려치며
지나갑니다

백여시여

먹고 싶은 것이 너무 많아요
울릉도 호박엿 초콜릿
입안에서 단물을 쏟아내는 청포도
그리고 그리고
먹고 싶은 게 지천으로
눈에 보여요

당뇨를 11년째 지고 산다는
이젠 눈조차 어두워진
할머니의 한숨 소리
세상이 어둠의 장막으로
밀려 들어간다

백여시여 백여시
허천병은 백여시여
눈곱만큼 단 것 먹어도
혈당이란 놈이 춤을 추는 백여시

세상살이 인심도 백여시
태풍 부는 날 연약한 나뭇가지
사람 사는 날에 창칼처럼

백여시는 줄을 서 있네
할머니 몸속에서
춤을 추는 그 모습에
기죽지 말고 더불어
외쳐 보세
허천병은 백여시다
세상일도 백여시다

치매병실에서

겨울바람이 차갑다
목숨 보다 더 사랑했던
자식들의 얼굴이
이웃 동네 총각일까
텔레비전에 나오는
춤 잘 추는 그 아가씨일까 구별 모르는
할머니가 마른 두 손으로
내 손을 꼬옥 잡아당긴다
선생님 참말로 이뻐요
잘 생겼오 잉
세월 지난 어느 날
할머니가 누워계시던
병실 침대 바라보며
그때
더욱 힘차고 정스럽게
세월에 마른 두 손을
잡아드리지 못 했나
회한의 바람이 인다

노인병원

노래가 멈춘다
네 눈으로 사람들을 바라보며
생각에 잠긴 요양병원 노래방 기계
병동 휴게실 바닥에
한숨과 여한이 물살을 이루고
과거와 현재가 나무뿌리처럼
헝클어져 아우성이네
쏟아져 나오는 노래 홍수는
내 젊은 시절은 무엇일까
어디로 가고 지금의 순간 만
목쉰 노래로 남아 있는가
아 지난날은 나에게 무엇이었을까
이젠 산에서
쑥국새 울음도 숨죽인 지가 오래 되었는데
마이크 소리가 비명을 지르네
종착역을 앞둔 기적의
소리처럼

심청이의 춤

바닷속 저 먼 곳은
어떤 세상일까
무서움에 가득 차고
악의 화신이 웅크리고 숨어 있을까
억겁의 세월 가운데
홀로 피는 미지의 커다란 꽃이 있어
심청이와 함께 놀고 있을까
오늘도 심청은 눈먼 아버지를
애타게 그리워하고
홀로 울고 있을까

사람들은 돈이 웬수구나 장단을 친다
웬수가 춤 추는 굿판에서
멍청이 되어 나도
스스로 어깨춤을 벌리고 있다
웬수구나 웬수구나
캄캄한 바닷속에서
목에 걸린 큰 가시에 눌려
홀로 맴돌고 있다

이 세상처럼

요즈음 세상처럼
여름에서 겨울로
잃어버린 계절
가을이 기억만 남기고 달려간 어느 날

아내가 장롱에서 꺼낸
가난한 젊은 부부의
소매 긴 옷 내음
무섭도록 추웠던 그 겨울
망막에서 출렁인다

아침 밥상에서
라면 만을 찾는 요즈음 아이들에겐
나이 든 사람은
원시인이다 흉노족이다

일그러진 유리창 너머로 보이는 세상
겨울이
아직 묻어 있구나

조도 가는 길

새 떼들의 긴 행렬이
바다를 헤엄쳐 간다
살아있는 작은 새
몸집 큰 새
줄을 이루며 앞서거니 뒤서거니

앞서가는 새 떼는 부르짖는다
사람 사는 육지로
어서 갈 테야
외로움이 어떤 것인지
당신들은 모를 거야

뒤에 가는 새 떼들은
자꾸만 뒤를 돌아본다
푸르고 넓은 바다에
그래도 나의 영혼을 묻고 싶어라
꿈 잃은 새 떼의 비참함을
당신들 사람들은
모를 거야
모를 거야

황소처럼

새벽달 기우는
들녘에서
기다리는 사람아

동트는 새벽은
아직도
기척조차 없는데
마음 설레는 사람아

흐르는 강물 위로
정처 없이 떠가는
나뭇잎 하나

달빛 한 모금 머금고
망각의 길을
재촉하는 그림자 사이로
뒤채이는 황소 울음소리
네 소리

서방시장

어둠에 잠긴 큰 길가에 길 잃은
도둑고양이 한 마리 헤매고 있네
광주 3대 시장의 하나라던
이곳은 폐허로 진즉 변하고 말았네
대형마트가 들어서면 서방 지역이 때깔 벗는다는 바람에
사람들은 마트로 두 손들고 달려가고
시장 사람들의 얼굴은 늙은 호박처럼 말라갔다네

큰길에 지하상가 만들면 광주 제일의 상가 되어
이 지역 사람들
어깨춤이 저절로 나올 거라는 권력 가진 사람들의 꼬임에도
징 치고 장구치고 꽹과리 두드리고
지하상가 결사반대를 그렇게도 외쳤건만
열차는 쉬지도 않고 떠나는 모양처럼
400미터의 땅굴이 뚫렸다네

상가 입찰에 겨우 몇 동 응찰되어
400억이 넘는 부채 안고 건설회사는 맥없이 무너지고
지금도 숨통 막아 논 지하 굴 통속에서 도깨비들이
저녁마다 굿판을 신나게 벌린다는 소문이 도네

원수 놈의 생활 땜시
낡은 파라솔 아래 산 나물 팔던 등 굽은 할머니들 보이질 않고
어둠만이 문화도시의 블랙홀처럼 맥빠져 누워있네

그 누구 하나 폐허로 변한 서방 되살려야 한다는
목소리는 없고 광주는 흘러가네 흘러가네
광주는 자동차 도시로 기업 단지는 몇 개로
힘 가진 사람들 말은 번드르르하지만
가슴에 병든 사람들 치료하는 신통방통
처방약 좀 보여주시게나

지리산 아랫마을

지리산 연봉에 눈이
내려앉아
알프스처럼 두 눈썹에
걸려 있네

대설이 익어 가는
산 아래 구례읍
성당 마당의 목련나무
꽃망울 팔에 안고
홀로 서 있네.

언 하늘이
푸르름을 뽐내는데
세상 덮는 눈보라 오는 날
우리들의 꽃망울
겨울아
너 어찌하려느냐

운림동 주변

사람이 그리워 산다
무등산 산자락에
누워 계시는
조금은 촌스러운 모습으로
더욱 끌어안으시는
의재 선생이 오늘도
헛기침을 하시어
운림동의 새벽은
더욱 싱그럽다

그대가 외로워질 때는
빨리레이야까 코끼리*처럼
살아라
영원한 붙박이처럼 보이는
산자락의 나무는
고독함으로써 존재한다는 사실로
사람이 그리워 여워 가는
우리에게 속삭인다

*법구경 게송6에 나오는 꼬삼비빅쿠들 이야기 가운데서

화원반도

바다는 신음하며 죽어가고 있었다
길 잃은 바닷새 한 마리
사람들에게는 움직이는 화석

썩어가는 뻘밭 가운데서
나뒹구는 조가비 신음소리

이제는 바닷물에 비추어 그 화사한 몸짓으로
설렌 마음을 뿌리게 하며
이슬이 한없이 내리던
바닷가 마을의 벚꽃나무는
베어진지 오래다

기름 묻은 돈의 벼락만을
하염없이 기다리는
사랑하는 고향 사람들
우리들의 바다여

이제는 기억 저편의 수평으로
사라져가면서
사람들의 가슴으로
검은 비만 타고 내린다

달마산

넓은 세상으로 통하는 바닷길로
두 다리 뻗고 계시는 달마산

세상 일이
모두가 가까이보다는
떨어져 바라보는 일이 그렇게 쉽다고
사람들은 말하지만
이 동네 찾아와서
남방 손님 정성스레 모신
미황사 부처님이 가슴에 사무치네

얼굴 맞대며 나날을 살아오며
천 리 길 보다 멀었던 우리들 속마음
헝클어진 발자국이
이제야
가슴속에서 요동치네
후회와 한숨으로
달마산 산머리를 감싸 안네

흑산도 · 1

밤바다 누비고
뱃고동 소리 울리고 있네
길고도 짧게

흑산도의 밤은
깊어 가는데
바다는
사람의 회한을
불러 모으네

지난 세월을
바구니 속에 다시
넣을 수는 없으리

버리고 또 버려라
뱃고동 소리가
재촉하고 있네

흑산도 · 2

그대
멀리서
안타깝게 소리치고
있는가

몸부림치는 아픔으로
가시 박힌 마음을
자네가
알 수가 있을까

어서
이리로 오라 하네
가슴 속으로
따뜻한 방
치장되어 있으니

나는
가냘픈
한 마리 바닷새라네

흑산도 동백아가씨

나는 불쌍한 여자라오
길 가 동백나무 아래서
할머니는 가쁜 숨 쉬며
하소연 하고 있네
들어줄 사람 하나라도 더
잡아보려는 절박한 모습이네

이 섬에서 태어나 이십도 못된 나이에
시집 온 여인은 바다가
그렇게 푸른 줄 처음 알았네
별이 꽃 이루어 하늘에서
장관 이루던 날
행복이라고 감격했다네

남자는 겨우 3년 만에
도시로 바람나 씨앗을 보았네
아들 하나를 남기고 떠난 신랑을
백발이 바닷 바람에 휘날리는
오늘까지
기다리고 있었네.

나는 불쌍한 여자라오

저 양반은 면사무소 벽에 걸려있는
무정한 신랑의 얼굴도 여태
알아보지 못 한다오
동네 할머니가 혀를 차며
대신 하소연하네
나는 불쌍한 여자라오
치매 걸린 할머니의 의식이
나무 끝에서
외롭게 달랑 거리고
있네

깃발을 거두어라

겨울 칼바람이 휘저어 간
들녘 저 편에서
어둠이 밀물하고
사람들은 한 마리
고독한 벌레

시신처럼 널려 있는
수많은 깃발 불태우며
바람에 펄럭이던
기세 등진 지난날을
기억한다

수많은 언어가
인형 되어
덩실덩실 춤추었던
그림자
우리를 사로잡던 그 함성

이제는
깃발을 접어라

그 거짓의 언어들을
삶의 가면들을 거두어라

어느 햄*을 위한 반주

여기는 시큐 디 엑스 시큐 디엑스
여기는 호텔 리마 포 찰리 빅타
오스카 스탠딩 바이
찍 찌르르 찌르르

가을 문턱에 걸터앉아
다 할 생명
셈하는 벌레 두 마리
울음소리

여기는 프랑스 리용
감 잡았다 오버
페르시아 만이 어쩌고
지구가 더럽혀져 가고
저쩌고

무너져 오는 가슴은
비디오 게임
이 땅의 정신없는
아침 풍경

찍찌르르 찌르르
벌레 두 마리
지구의 끝과 끝 사이에서
우짖는 벌레들
오늘 시장에 갔다가
물건값 너무 올라
그냥 돌아왔다
그리고 외로운 거야
알았다 친구여

탈출할 수없는 운명을
어쩌나
찍 찌르르

밤을 좁혀가는
두 마리의 외로운
우주 벌레

*햄 : 아마추어 무선통신사

블랙홀 가운데서

루게릭 환자 호킹박사가
휠체어에 앉아 웃고 있다

거대한 블랙 홀로 끌려 들어가는
수백억 만 개의 우주 가운데
그 가운데서도

모래알보다 작은 항성의
둘레에 맴돌고 있는
지구별

그 위의 당신과
나
어찌할거나
오월 아침의 싱그러운 내음으로
우리의 핏줄기는
삶의 환희로 더욱
맑아지고
아파트 베란다 구석에서

저 혼자 피고 지는

난꽃 한 줄기
우리의 행복은 널려 있는
그 무엇이라네
우주의 수많은 별보다도
소중한, 그 무엇이라네

섬진강 시원지

강물 따라 찾아갔던
그 끝에는 맑은 물과 함께
옹달샘이
숨 쉬고 있었네
길고도 긴 225km의 여정을 뒤돌아 보고
또 돌아보고
사람 사는 습관대로
혼자서 자신에게 웃고
하늘 쳐다보며 웃고
그러다가 어느덧 샘터 앞에 서 있는
자신을 발견하네
전라북도 진안군 마령면
마이산 두 당나귀 귀 사이로
맑은 물을 뿜어내니
사람들은 강이라 부른다
이름 붙여
섬진강이라 부른다

아름다운 간이역

철길 위에 뿌려진
수많은 사연은
오늘도 남평 간이역 뒷산 머루에
오월이 걸터 앉아
구름과 함께
지나간 시간을 주워 담고 있네
녹슨 철길
비바람 천둥치던 수많은 세월 속에
구름 덮인 밤 하늘에 빼꼼 내미는 달빛처럼
평화를 목말라 하였네
어느 시인은 전국 제일의 아름다운 간이역이라
감탄했다 지만
돌아오는 내 가슴의 바구니에는
눈물과 한숨이 가득 했다네
난들 어찌할 거나
지나온 세월이 그런 세월이었음을
간이역 돌아서는
나의 뒷전에서 애타게 하소연하고 있음을
내 어찌 매몰차게 뿌리칠 수가 있을까

산에게

당신을
그 누구라고 목이 터져라
부를까요
차마 쳐다보지 못하던
산마루의 거대한 얼굴이신
나의 아버지여

가슴에 흐르는 정의 깊이를
헤아리기 어려웠던 바다 밑의
소용돌이치는 물기둥
당신을 그 누구라 부를까요

사랑 주시는데
민들레처럼 수줍어 하시던
당신이기에
가시덤불 산길 만을 헤매며
살아왔던 세월을
덧셈 뺄셈
남아 있는 찌꺼기도 모두가
그리움
아픔뿐이네

제2부

들풀을 위하여

미세먼지의 봄

미세먼지에 산이 가려졌다
거리의 풍경도 혼미의 장으로 남았다
사람들은 어느 위치에 자기가 존재하는 것을
알 리가 없다
마스크 속에 남아있는 생존의 현실이
가쁜 숨을 쉰다
기억들에 남아 있는 모든 파편들은
이제는 미세먼지로 점령당한
패잔병이다
자동차의 뮤직박스에서는
차이콥스키 5번의 교향곡이
기를 쓰고 사람을 감동으로
올개미질을 한다
우습다 우습다
생물이란 틀에 갇힌
사람이라는 족쇄
갇힌 산 너머에 새로운 빛이 있다는
믿음으로 오늘도 열심히 살아 숨 쉬는
위대한 생존의 투쟁의 모습
봄꽃을 찬양한다

안개 속으로

익어가는 벼 위로
아침 안개 내려앉아
지붕 만들고

내일 모레
그리고 내일 또 모레
추석엔 자식들이 내려 올려나
가슴속에서 벌써 기다림으로
쓸개 물이 목구멍 위로 넘어오네
얼굴조차 아른거리는 우리 손자
과외공부에 찌든 그 몰골을
어떻게 훔쳐보나

걷혀가는 안개 사이로
수많은 얼굴이 떠다닌다
난 모르지 정말로 모르지
인생이란 말로
왜 이렇게 살아야 하는지

나는 과녁입니다

나는 과녁입니다
화살의 과녁입니다
사선에서 쏟아지는 저 욕망의 대상입니다
쏟아지는 미움도 비탄도 비난에도
한 몸으로 버티고 서 있는
외로운 과녁입니다

어서 오십시오
내 심장에 쏟아지는 화살
그대가 세상을 잡은 큰 기쁨에
덩실덩실 춤추는 모습을
멀리서 눈을 뜨고 훔쳐 보아야 하는
가슴 저며 오는 슬픔의
과녁입니다

나는 과녁입니다
당신이 세상 사는
외로움에 지쳐 있을 때
어서 저에게로 오십시오
화살을 마음껏 날리십시오
평화를 얻는 그 순간의

당신을 위하여
오직 기도 드릴 뿐입니다

어제와 내일 사이

산 모롱이를 휘젓고
허리를 타고 달리는
바람은
하늘 위로
또 다른 하늘 위로
올라갈까요

우리들의 과거처럼
전나무 숲 골짜기에
찾아 들어
한숨과 후회의 눈물방울로
스며들어
스러져 갈까요

바다가 넘나드는
물결은 오직 내일만을 꿈 꾸며
소리치고 있을까요
오늘 우리가
살아 있다는 사실은
전율입니다

모든 풀밭은 지금에서부터
안개 피어오르듯
우리를 감싸 안고 있어야 합니다

헛구호의 미래와
증오의 과거가
영혼을 충동질하고
도깨비 춤출 듯 흔들거리는
오늘의 발자국 소리
소리일 뿐
진실은 따로 숨어 있습니다

다랭이 마을

살기 위해 경사진 바닷가
산자락에 자갈 쌓아
논 만들고
밭 만들고,
신통하지 못한 고기잡이에 매달리어
숨 가쁘게 살았지

배를 댈 언덕 없는
마을에서 수백 년을 살았지
오직 바다를 어깨에 메고
사람들에게 어서들
힘차게 사시게나 채근하는
해님의 모습에 눈물 훔치며
웃음으로 보리밥 온갖 잡곡밥
물밥으로 허기진 배를 달래며 살았지

바다가 말하더라
사람들아
지난 삶의 모습
눈 속에 지긋이 담고
눈물샘 가득 채우고 어서들 가시게나

가시게나
봄나물이 비탈에 피어나고
바다가 어깨춤을 들썩 일 때
돌아서 다시 오시게나

해부학 교실

차디찬 돌 위에 누워 있네
죽은 사람인들 돌의 차거움을 모를까
가을 하늘이 얼굴에 내려앉아
세월을 셈하고 있네
죽은 사람에게 세월은 무슨 뜻이 있을까
땅 위에 하늘 안에 남아 있는 건
말라지며 이루어 가는
그대

삶이란 무엇일까
한숨으로 씹어 삼키는
아픔이라네

얼굴을 벗겨가는 손이여
그것은 차라리 사랑이라네
늑골을 자르는 손이여
그것은 자유의 시작이라네
어차피 심장은 자유의 바람을 맞이하며 보내며
뛰는 것이라네
함께 하며 살아왔던 허파는
평등의 상징이라네

피부를 벗겨가는 눈이여
피곤하거든 거리를 바라보시게

가을 햇볕 때문 만은 아닐세
당신의 삶의 그림자가 서성거리며
악을 쓰네

운명이란 오솔길의 잡목 같은 것
무심한 손놀림으로 꺾어져 왔네
이런 맑은 날엔
사람의 목소리를 듣고 싶네
사람을 보여주게
차디찬 돌 위에서도
그대는 영원히 살아있네

바다에게

바다가 손짓하며
말하고 있네
바다의 얼굴을
차마 바라볼 수가 없구나
깊숙히 숨 들이마시며
외마디 소리 지른다

바다여
점점 작아져 가며
바다 한가운데로
침몰하는 나를
바라보는
네 모습에
내가 서럽구나

새벽등산

산등성이를
사람과 나무가
앞서거니
뒷서거니
오르고 있다
동 터오는 아픔을
보듬고 오는 새벽으로
세상은 찬란하다
오르며 낮은 목소리로
속삭이는
살아왔던
서러운 이야기
가슴 메는 이야기들
아침이라 입은 마르다만
끝없는 실타래처럼
우리들의
삶의 역사가 기어 나와
꿈틀 거린다
몸부림친다

밤의 청산도

섬에 있는
모든 사람은 청산도 사람이네
가을이 잔뜩 묻어있는 바다는
지난 시간의 태엽을 되감고
바다, 그 속 깊이 사랑을
묻고 있네

정적의 섬에는
우리들의 영혼을
타오르는 불꽃처럼
밤 하늘에 쏘아 올리고
별과 바다와 섬 안의 초목이
외로움에 이골이 난 사람들과 함께
원무를 추고 있네

슬픈 봄날의 벚꽃 이야기

세상의 잡다한 일
한 눈 파는 사이
불쑥 피고 만 얼굴이다
무심코 뱉어낸 말 한 마디에
가슴에서 철철 흘러내리는 핏빛
연약한 사람의 마음처럼
상처 입을 날 기다리는 그 꽃이다
한 줄기 비바람에
화려한 생명 날리는 운명이다
그러나 계산하지 않는
순수한 열정으로
감동의 바다를 이룬다
봄날이 헤엄쳐 가고
벚꽃 하나
허우적 거린다

겨울 햇살

유리창문을 타고 넘어 온 햇살이
얼굴을 황홀하게 애무하네
따스하고 부드러운 감격이려니
감사의 마음은 언제나
먼 뒷날에
거리 두고 깨우치게 하네
창조주의 뜻도 비로소
나중에 알게 되네

햇볕 향하여
잎새 모두 손 벌리고
평화롭게 숨 고르는 나무에게는
안과 밖의 구분이 없다네
유리창문은 인간만의 굴레네
세상은 하나라는
사실을 깨닫게 하네

구름도 바람도
존재함으로 우리들은
생명의 씨앗으로 남게 된다네
자유만이 인간의 참 얼굴이네

겨울호수

겨울이 간다
우리들의 깊은 슬픔을
호수 깊은 곳에 감추고
겨울이 간다
낮은 삶의 신음소리를
이 세상에 남기고,
겨울은 뒤 돌아보지 않고
멀리멀리 사라진다
또 다른 나날의 삶의 잔해를
가슴에 품고
미어지도록 애타는
우리를 뒤로하고
겨울 호수는
하늘의 한 자락이 되어,
구름 한 조각이 되어
우리 곁을 떠난다

겨울 그리고 꽃

겨울 칼바람과 추위에 할퀸 꽃이
애처롭구나
햇볕에 곱게 화장하고
나서는 어느 겨울날
계절을 잠시 잊고 봉오리 터트려
세상 사람들에게
아름다움 자랑하고 싶은
겨울 꽃이 애처롭구나
사는 일이 다 그런 것 아니냐
사는 일이 모두가 실수의 연속이니
너의 운명을 너무 야속하다
탓 하지 말아다오

겨울나무

긴 겨울 얼굴이
끝이 보이질 않구나.
매섭고 황량한 바람의
신음소리
사람들이 삶이 고단한
아픔으로
얼어있는 하늘 아래
고드름 되어갈 때
눈 쌓인 땅속
서로의 두 손 꼬옥 잡고
서 있는 나무들
우리의 가슴으로 옮겨
고이 심어볼거나

선운사 동백나무

선운사 동백나무
다시금 내년 기다리며
숨 쉬고 살아있네
우리의 삶도
마찬가지 일까

기다리며 한 순간의
꽃으로 피어날 여정을
인생이라고
사람들은 노래하네

가을에게

가로수가
가을을 엮고 서있다
날리는 잎새
서너 개가 땅 위에서 숨을 헐떡이고
지나온 시간 헤아린다
아픔의 얼굴이냐
기다림의 얼굴이냐

하늘로 뻗어있는
나뭇가지에
내려앉은 새
한 마리
찾아갈 둥지를 꿈꾼다
방황의 시간 앞에서

가로수는 다가오는 운명 앞에
목마른 침을 삼킨다
날아갈 새의 하늘이 눈앞에 펄럭여도
자리에 남아 팔을 내민다

지리산 고추잠자리

자락에 자락을
포개어
앉고
서 있는 산

고추잠자리
한 마리
산 허리춤
바위 위에서 누굴 기다리나

백두산을 구름 위로
손짓하여
부르며
한라산을 어깨동무
껴안으며

한 자락 하늘뿐인
이 땅에서
아버지 어깨 위로
목마 타듯

지리산 기슭에 외로운
고추잠자리
그 누구일까

낙화

아름다운 날만
기억 하느냐
향기로운 바람결에
취한 그 날만
잡아두고 있느냐
그대 곁에
떨어져 나뒹구는
맑은 이슬에 취하여
세상만사가 왜 이리
찬란하고 고웁기만 하느냐
소리 질러 산과 들을
가로 질러가던
그대의 젊은 날
진실의 늪에서 다시
아름다움을 건진다
새로 건져 올린다

밤의 강물 앞에서

어둠이 세상을
지배하는 시간에
하늘에서 내리는 이슬을
무당벌레와 함께
나누어 삼킨다
밤이슬 가슴에 안고
긴 여정 달려가는 강물은
달이 이그러져 슬픈 밤에도
삶에 지겨운 사람들이
꿈속에서 웅얼거리는 아픔을 보듬고
강변의 봄밤
바람에 소리 죽여 흐느끼며
강물 위로 지는
탄식의 벚꽃을 뒤로 두고 흘러간다
팔자타령도 없이
할 말은 밤하늘에 남겨두고

깻잎 밭에서

호박꽃 깨꽃 들국화
옥수수
단절의 시대에
너무나도 쉽게 잊어버리는 존재들
이것들 뿐일까
아직도 마음 한 구석에
웅크리고 숨어 살아있는
이 땅에서 살아온 사람들에게
삶의 분신으로 남아
새로운 생성의
벅찬 설렘 되어
살게 하소서

낙엽의 노래

제 이름은 낙엽이네
셈하는 세월의 얼굴이네
지난 봄 여름 그리고 내 생애를
마지막 드러내 놓는 지금까지
보낸 시간의 길이를 기억하기에
너무나 많은 일들
스쳐갔다네
이제는 바람에 날려가네
하늘 끝의
어느 자락으로 가는지
저는 모르네

서리있는 이른 봄

삼월이 매서운 추위로
존재를
세상에 호통치며
사람들아
내 힘을 보아라
산 덮치고 들 휩쓸고
밤 사이 폭설이 소리 없이 내려앉아
온 세상 하얀 빛으로 반짝이고
얼굴 겨우 내민 마당 한구석
잡초 얼굴 애처롭다

어릴 적 동네 아이들
눈물관 타고 흘러내리는 눈물이
두 콧구멍에서 피어나 훌쩍이는
누런 콧물의 사연을
삼월아 너 만 알리라
보릿고개 흉년
사는 것의 아픔을

무서리 내리던 날

무서리로 온 세상
칭칭 감던
새벽
지나온 길이 혼돈이었음을
비로소 깨닫는다
세상살이 그렇게 추운 동토임을
어찌 일찍이
눈치채지 못하였나
얇은 양말 사이로
찬바람이 인사한다
차가움이 더할수록
세상 일이
투명한 요지경 속의 광경임을
이제 깨닫는구나

녹색의 초대

들과 산에는 초록의 향연이
열리고 있네
그대여
삶에 찌들어
사는 게 재미 없다고 여겨지면
망설임 집에 걸어 두고
푸른 대지로 어서 나오시게나
이곳에는
우리가 잠시 접어두었던
젊은 날의 푸른 소망이
기다리고 있다네
잎새에 살며시 내려앉아
사랑을 노래하는
화사한 빛의 소리에
귀 기울여 보시게나

밤의 정령이 우리를 황홀하게 만든다

밤의 정령이 우리를 설레게 한다
별이 되어 출렁이는
수많은 이야기
당신은 병고로 괴로워한다
지난 날의 저를 모두 모두 용서 하시고
날이 새면은
맑은 하늘을
기쁨으로 맞이하게 하소서
사랑하는 이들이
내 옆에 있어 늘 함께
즐기게 하소서
밤이여
밤의 정령이여
신비한 의상으로 치장한
그대의 황홀한 모습이
우리를 설레게 한다

여름 풍경

우리가 잊고 있던
호박꽃 깨꽃 들국화 옥수수
수줍은 모습으로 여름 밭에서
기다리네
할아버지 할머니 이름도 모르는
시대에
케이팝 아이들의 이름은
유치원 아이들도 졸졸 왼다

세상이 변하고 있다는데
우주시대에 터미네이터가
전쟁을 하고
지구 닮은 다른 지구가
수많은 은하계의 어느 구석에
숨어 있다는데
또 다른 내가 그 별에서
살고 있다는데
길면 길고 짧은 세월
함께 살아온
호박꽃 깨꽃 들국화 옥수수가
대수로운 존재인가

지금 세상은
잊어야 할 것들의
떨이 시장이구나
지난날은 싸구려 물건처럼
무심하게 쓰레기장으로
흘러간다

풀벌레의 노래

그 누가 빈약한 눈물샘을
두드리는가
오랜 세월 헛간에 괭이 호미
몇 자루
주인 잃은 낡은 초가집 신세처럼
사라져 갔던 나날의 기억을
되살리는 힘든 작업은
안개 속을 헤매는 당혹스러움이다
두려움이다
백 리 밖 너머에
새로운 세상 푸른 광장으로 장식되어
춤춘다 하여도
우리들의 삶은 영원한
한밤중의 풀벌레 울음소리
같음이여

꽃으로

저를 꽃으로 태어나게 하소서
미워하는 사람에게도
시샘하는 사람에게도
항상 너그러운 마음으로
속살 여는 꽃으로 피어나
진심의 나를 보게 하소서

저를 꽃으로 태어나게 하소서
마음 아픔으로 절망하는 이들에게도
외로움이 병이 되어 낮과 밤을
저주하는 이에게도
희망의 날 불러오는 꽃으로 피어나
살아가게 하소서

꽃이 진 날

길 위에 떨어진
꽃잎 밟을세라
발길을 요리조리로 옮긴다
지나간 날들이
땅에 떨어져
누워 있다
얼마나 가슴에 사무친
생명인가

꽃잎 떨어진 자리
검은 아스팔트 빈 공간 속으로
은하가 흐른다
그 속에서
나의 수많은 맨 얼굴이
손을 내밀고
아는 체를 한다
살아온 소중한 시간을
다시 건져 올린다

달밤의 소리

밤이 깊어가고
달빛에 취해
노래와 춤으로
율동의 굿판이 열리고 있네
열매는 나뭇가지와
밀애를 나누고
넘어가는 달빛의 눈이
휘둥그래지네

들풀을 위하여

들풀은
검은 대지의 장막으로
숨어드는
밤이슬 거두어
생명 키우며
서로에게 평화를 비는
소박한 언어만이
오로지 존재한다

수많은 깃발의
휘날림에도
흔들리지 않는다
거짓의 가면은
해 뜨는 날
스스로 사라질 운명임을
알기 때문이다

들풀은
어둠의 밤 한가운데서
꽃이 피는
순간을 위하여 오직

숨가쁘게 기도한다

죽음이 오고
다른 탄생이 오는 순간까지도
서로의 마음의 살을 비비며
위로할 뿐
그들은 내일 만을
기다린다

겨울 사람들

새벽바람이
무섭게 어깨 펄렁이며
달려온다
섬 귀퉁이에 숨어 있는
작은 어촌 마을로
휘몰아온 바람아
너무 차갑다

오늘도
바다의 앙칼진 신음 소리가
삶에 칼 가는 소리임을
너는 듣고도
왜 절망하지 않느냐

어릴 적부터 시작하여
늙어서 곱사동이
굽혀진 허리 달래며

석화 따는 작업에
망가진 손가락 불에 굽고
또 굽고 산다

서럽다는 말이 무슨 뜻인지
새벽바람, 네가 좀 가르쳐다오
봄바다 기억하고 있는
철없는 얼어터진
손가락 호호 불어보며
내일만을 기다린다

겨울 밤 그리고 옛이야기

긴 겨울 밤의 이야기가 있었지

칼바람 소리
세상을 삼켜버릴 듯 무서운 기세로
사정없이 초가집 문을 두드리는데
따뜻한 아랫목 호랑이 아범은
토끼가 넣어주는 담뱃대 통을
입에 물고 흐뭇하네
이게 바로 세상 사는 맛이야

토끼도 속으로 웃었지
그래 나도 만세다 만세!
이 무섭고 잔인한 밤이 지나면
동구 밖에서 동 터오는 태양을
다시 만날 수가 있을 거야
자유는 내 편이야

긴 겨울밤의 이야기는
지금도 끝날 줄을 모른다

제3부

늦게 쓴 사랑의 편지

늦게 쓴 사랑의 편지

시간의 모래알 걷어
헤아려 본다
지난 세월의 덧없음으로
가물거리는 기억이
아무도 보이지 않는
해변 마을
길에서 만나던
피어있는
새벽안개처럼
당황하게 만든다

당신이라고 불러오며
살아온
삶의 모래알을
두 손 모아 쥐어본다
가슴이 미어지는
바다 울음소리로
안개가
둥둥 떠나가네

기억하라

한적한 바닷가
당신 위해 남몰래
드리는 기도
피어나고 있음을

차가운 겨울바람이
창문을 두드리고
삶의 아픔으로
얼어가는 당신 영혼 위해
기도 있음을

외진 섬마을
성당 돌담 옆에
홀로 계시는 성모님
기도가 하늘 돌아
외로움에 지친
당신에게로 향하고 있음을
기억하라

어느 기도

병든 이의 아픔을
저의 가난한 영혼이 진심으로
깨닫게 하소서
그를 돌보는 저의 지혜가
녹슬지 않게 하소서

어릴 때 보던
햇살에 춤추는 나뭇잎 낙엽 되어
땅으로 돌아가는 인연에
절망하지 않게 하소서

수억만 리 밤과 낮 없이
달려온 별빛의 마음을
노래하게 하소서

오직 한 치의 분심도 없이
기도드리는 정성으로
세상을 보는 지혜의 기쁨을
저에게 허락하소서

사랑의 변주곡

사랑하는 사람이
어느날
중병에 걸려 고통으로
몸부림 칠 때
안타까움으로
오물 치우고 아픈 상처
어루만져주고
안아주는 순간에
시간의 길이를 놓쳤다네
왜 이리 눈물이
흘러 나오는가
개울물의 초라한
흐름처럼
끊임없이 터져나오는 눈물에
주님
저를 인도하소서
이겨나게 하소서

정자리 성당

우리들의 어머니
성모님
새벽이 오기 이전부터
별이 꽃 피어있는
밤하늘 향하여
두 손 모아 기도하고 계시네
수십 년의 세월 흘러
교회 대문은 녹슨 열쇠 차고
성모님을 가슴에 안고
외지로 떠난 마을 사람들
그들의 영혼 위해
홀로 남아 기도하는 성모님
얼굴 위로 아침햇살이 밝아오네
팔순 지난 마루타 할머니가
허름한 대문 쳐다보며
동네 고샅을 가네
성모님의 얼굴 쳐다보며
쳐다보며

새벽길

새벽길 나서는
눈에 보이는 거리
지금도
어둠의 장막이 내린다

주님
오늘도 저희를
평화롭게 이끌어 주소서
사랑하는 자식들이 열심히
지혜롭게 살아가도록
보살펴 주소서
오늘의 제가
존재의 끈으로 남아 있기까지
은혜 주신 모든 분들의
영혼을 위해 비오니
주님 살피소서

오늘도
기도를 보듬고 거리를 간다

사라지는 것을 위하여

아침 안개로
들판이 잠겨 있다
잉태하는 숨소리에
나의 영혼이 귀를 세운다
햇살 걷혀지는
세상의 맨 얼굴을
두려운 마음으로 기다리며

들판에서
꿈의 조각들을 주워 모아
안개처럼 피어올라
하늘과 땅이
얼싸안은 그 곳으로
띄어 보낼거나

꽃이 되신 성모님

발길이 머문
다도해 섬의 작은 성당
마당 한구석에
피어있는 홍매화 한 그루
하늘 향한 화사한 모습으로
겸손함과 온유함
끝없는 사랑의 아름다움으로
기도 드리네

홍매화 옆의 성모님은
두 손길 모으고 기도 드리고
고요가 깃든 성당
주님은 그 안을 모두 채우시고
성모님은 매화꽃으로
옷 입고 계시네

새벽 산 속에서

저에게 강물처럼
기도드리게 하소서
사람들의 얼굴이
어둠에서 피어나고
오직 새벽만을
생각하는 마음이 열리도록
기도 드리게 하소서

산속 나뭇가지 사이로
찬란히 일어서는
눈부신 아침햇살
이제 잠 깨인 다람쥐
눈망울에 비춰오는
아침 풍경 앞에
무릎 꿇게 하소서
오직 사람만을
생각하게 하소서

노을

바닷가 나뭇가지에
노을이 걸려있네
바다 손목에 이끌리어
어둠 속으로 빨려가는
노을에게 하느님은
사랑의 말씀을
내리시네

소중한 사랑이
바다 넘어 가운데서 잉태하고
나중에 깨달음으로
우리를 스쳐간 수많은 인연들이
꽃이 되고
노을 되어
우리를 인도하시네

어느 봄 밤에

앞 산허리 감싸는
봄 밤의 한기를 가슴에 안고
산짐승이 조심스럽게
걷고 있네

기운 달 바라보며
새벽을 기다리네
산골짜기 산사에서
들려오는 불경소리

산짐승아 산짐승아
새벽 기다리는 너와
나의 심장소리에
하느님의 은총이 온 세상
가득 하구나

나의 기도

가슴속에 아직도
쉴 사이 없이 후비는
미움은
나무 잎새에서
땅에 떨어지는 물방울처럼
온몸으로 부서지게 하소서
천둥소리 되게 하소서
지난 날
사람들의 무심한
한 마디의 말도
두 눈에 잠긴 웃는 모습도
나에 대한 사랑이었음을
깨닫게 하소서
하늬바람처럼 스쳐가는
그들의 사랑이
아직 코 끝에서 묻어나
저와 함께 숨 쉬고 있음을 감사드리며
언제나 그리워하게 하소서

시작과 끝의 만남에 대하여

바람의 시작을
바람의 끝을
그 누가 아나요
나뭇잎 위로
내려앉아
가쁜 숨 쉬고
살랑바람이
달려간 길을 누구도
보지 못하네
꽃잎에 입 맞추고 지나간
햇볕의 열정을
그 누가 아나요
인연의 끈을 길게 길게
엮어가도
그 끝을 모르는데
오직 사랑 만이
그 시작과 끝을
이어주네

별 하나 나 하나

별을 바라보세요
암흑의 우주 바다에서
두 눈 반짝이며
도란도란 이야기로
꽃 피우는
별을 바라보세요

당신의 사랑의 괴로움도
삶의 아픔도
나직이 속삭이는 별들의
밀어 앞에
눈처럼 녹아납니다
어서 별을 바라보세요

안으세요
별을 가슴에
더 힘껏 안으세요
당신 속에 아직도 남아있는
사랑을 별과 함께 나누세요

빈 의자

언제 다녀갔나
누가 다녀갔나
아직도 사람들이 흘린
수많은 말이
땅 위의 풀잎에 송이 되어
열려있네
아린 가슴에서 새어나오는
한숨으로 얽힌 말
꽃망울 터트리는 황홀한 감격으로
사랑의 말이 다 함께
우리를 손짓하네
삶이네

꽃에게

얼굴 잊은 수많은 날
언제나 당신은
바다 끝 멀리서 솟아오르는
감동을 안겨 왔습니다
꽃님이여
순수의 이름으로도
이 세상의 모든 형용사로도
당신을 예찬할 수가 없습니다
오직 사랑뿐입니다
당신에게 걸맞은 단어는
그것입니다

내가 종이 되게 하십시오
세상을 다스리는
당신의 자애로운 손길
저의 영혼에 등불이 되어
사랑의 끝자락을
꼬옥 쥐며 살게 하여 주십시오
꽃님이여

망월동에서

그곳에는
가을비에 젖은
플랫카드
우리들이 아직도
살아 있다는 절규가 있네

당신이여
열두 살의 나이를 기억하는가
스물넷의 삶을
사랑하던 남편의
눈앞에서 흩날린

풀숲 스쳐지나는
바람 같음을
당신은 기억 속에서 지워가도
망월동의 흙 속에서
다시금 피어나리라
그대들의 사랑은

하늘이 뚫리는 날
폭포처럼 쏟아지는 햇살을
기다리고 있네

젊은 영혼에게

외롭고 서러운 사연에
갇혀 사는 사람아
어서
가슴 미어지도록
푸른 여름 가기 전에
저 들판으로 달려가라
사랑하는 사람의
이름 석자로
당당하게
온 들판과 저 푸른 하늘
앞에서
서로 손목 잡을 수 있도록
열망하라

우리 꽃이 되어 다시 만나리

서로 마주 보며
우리들 머리 위로 파란 하늘 지붕
쳐다보며
터져라 힘껏 소리쳐 볼까
이제는 말라버린 강물
잊혀진 눈물 찾아
여름철에 내리는 장맛비처럼
쏟아부을까
그대여
세상 온통 물들이는
꽃세상 되어
우리 모두 꽃이 되어
눈물이 비가 되어
덩실덩실 어깨춤을 추워볼까
사랑 노래를 외쳐나 볼까

어느 날 아침에

만남의 아름다움이다
바람이 휘젓는 세상살이
아픔이 어데 숨을 곳이 있을까
아침 세수수건으로 얼굴
훔친 뒤 바라보는
앞산 너머, 그 너머로
무심하게 어깨동무하며
떠나가는 구름
우리도 서로 몸 부여 안고
정 나누며 살아가는
그 연습이라도
하고 싶구나

눈물

초막에 달빛 드시네
험상스런 바다 울음 소리
귀양살이 죄인 정약전이
복성재 돌담으로 기어드네
눈물 모아 바다로 가네
한숨이 고여 바다가 넘치네

눈물은 하늘로 올라가
우주 멀리멀리
오늘도 광속으로 달려가고 있나
눈물 속에 소금이 몇 퍼센트라고
분석 좋아하는 사람들아

이제는 마른 샘터
우리들의 눈물샘
휘날리는 모랫바람이

세상 뒤덮고 두 눈에 매달린 눈물이
고드름 된 당신들을
소리쳐 부른다

나무와 강물

강물이 손짓하여
나무가 그곳에 서 있을까
나무를 만나기 위해
강물은 먼 길을
달려온 걸까
나무와 강물이
만나는 길이
애타게 노래하고 있네

시골마을의 종루

이제 확성기가 농촌 마을의
주인이 되고
종루에는 녹슨 종이 매달려
외로움에 떨고 있다
왜 종을 보면 우리의 마음이 감동과
설렘으로 휩쌓이는가
노트르담 성당의 종지기는 보이지 않지만
이곳은
삶의 고단함 가운데도
기도하는 사람들
종이여
외진 시골마을의 종이여
마음에 맺힌 모든 것 털어내고
울려다오
푸른 들 너머로
보아주는 사람 없어도
울려다오

탄식의 노래

마른잎
하나
책갈피에
숨어있다가
이제
세상의 빛을 삼켰네
생명의 샘
줄기는 마르고
사랑도 미움의 굴레도
덧없음의 터널 속으로 사라지는데
여기
당신과 나
새로운 탄생을 위하여
마른 잎새 하나로
남아있네

경복궁

오늘 왜 이렇게 경복궁을
찾게 되는가
나는 한민족인가,
마음속으로 다짐해 보고
또 다짐해 보는
오늘의 우리가 사는 이 강토
서로 의심의 눈초리로 흘겨보고
삿대질과 비방으로 원수처럼
날을 세우는 사람들이
당신은 누구야 누구야

아! 경복궁
같은 말로 정을 나누고
가난한 살림에도 나눠 먹고
남의 한숨도 내 한숨처럼 아파하던
우리들
찾아가는 발걸음이 무겁다
오늘은 무겁다
희망이 저 하늘 멀리서
휘날리고 손짓하고
우리를 인도한다고

마음으로 다짐하건만
우리의 경복궁의 처마엔
한숨의 굿판만 요란하구나

겨울의 남도

추운 겨울이
볼을 쥐어짠다
제 구실을 하는 겨울 보고
사람들은 세상이 돌았다고
원망이 걸핏 하구나
기상과학이란 이름으로,
북극의 얼음이 녹아나고
찬 공기가 발생 한데다가
태평양 쪽의 해류에도 문제가 생겨
더운 공기가
이를 잘 지탱해 주지 못해
생긴 현상이라고 둘러댄다.

따뜻한 지방이라고
북쪽에 사는 사람들이 부러워하는 남도길도
예외는 아니다.
얼마 전까지 보성 장흥으로 가는 길
양 편에 배롱나무가 줄지어서
꽃을 피우고 있던 그 길이
이제는 풀 죽은 모습으로 외롭다.
남도의 평온한 들녘은 하얀 눈으로 색칠 되고

정암 조광조의 귀양살이 초가집 마당에
세워진 유허비를 모신
건물의 지붕 위에 눈물이 흠씬 덮혀있네
통한의 눈물이네
배운대로 세상을 바꾸어 보려는
야심에 찬 사람이 어찌 정암뿐 일까
사람은 왜 배우려고 할까
사람의 양심은 또 무엇을 말 할까

조광조의 정의는
두 사발의 사약으로 시뻘건 피 토하고 죽음으로 끝난
하찮은 것이었을까
지석강 너머로 겨울안개 덮혀 꽃피우고 있네
이상으로 몸부림치다가 간 사람의 발자국을,
강물은 이웃하며 흘러가는구나.

개미의 탄식

시뻘건 대낮에
도깨비들이 발호한다
요란한 몸짓을 보아라
어깨춤이 덩실덩실
하늘을 가린다

화염산에서 통째로 차입한 불꽃이
그들의 입에서
무서운 기세로 세상을 삼킬 듯
넘실거린다

그대들은
베르베르의 개미처럼
나만 따르면 천국이 오네
당신들의 운명은
여름 날 찬란한 노을이 피어나듯
내가 책임지리니
개미들이여!
순종의 미덕으로 감읍하게

펄럭이는 허위의 깃발 너머로
도깨비들의 음흉한 웃음을 바라보며
마취된 개미의 영혼들이
눈을 비비며
비틀거린다
비틀거린다

겨울을 안으며

겨울이
삶에 지겨운 사람들의
지붕 위에서
멈칫거리며
내려다보고
있을 때

슬며시 찾아드는
허전한 가슴은

이빨 시린 냉수를
벌컥 들이키는
습관 같음이다

고드름 열린
외양간 처마를
물끄러미 쳐다보는
황소 눈깔 같음이다
울음이다

제4부

작은 순례길

노인요양병원 풍경

노래가 멈추어 있다
네 눈으로 사람들을 바라보며
생각에 잠긴 요양병원 노래방기계
병동 휴게실 바닥에
한숨과 여한이 물살을 이루고
과거와 현재가 나무 뿌리처럼
헝크러져 아우성이다
쏟아져 나오는 노래의 홍수는
내 젊은 시절은 무엇인가
무엇인가
어디로 가고 지금의 순간만
목이 쉬어 노래로 남아 있는가
아, 지난 날은 나에게 무엇이었을까
이젠 산에서도
쑥국새 울움도 숨 죽인지가 오래 되었다
마이크 소리도 비명을 지른다
종착역을 앞둔 기적의
소리
소리다

낙엽송

제 이름은 낙엽입니다
셈하는 세월의 표상입니다
지난 봄 여름 그리고 내 생애를
마지막 드러내 놓는 지금까지
보낸 시간의 길이를 기억 하기에는
너무나 많은 일들
저를 스쳐갔습니다
이제는 바람에 날려갑니다
하늘 끝의
어느 자락으로 가는지를
저는 모릅니다
푸른 하늘 속으로 날아가
끝나는 그 순간의 감동으로 감사하며
저를 지우려 갑니다

호수마을

나무들은 겨울잠에서 기지개 켜고
하늘은 푸른 얼음조각 만들어
지난날의 차가운
기억을 가슴에서 꺼내고
긴 세월 투병하는
아내가
호수마을 쉼터에서
어머 저 나무 좀 보게나

목련나무가
꽃봉오리 만들고 있네
성한 사람 눈 크게 뜨게 하고
아픈 사람 눈 열리게 만드는
꽃 나무야
꽃 나무야
설렘 속에 기다려지는
봄이 가슴속에서
바빠지고 있네

석양

숲 속에서 갈색의 향연이
차려지고
나뭇가지에 십일월의 달력이
외롭게 펄럭이는데
낮달이 하늘 비스듬히 걸려
밤을 기다리고 있네
사람의 얼굴이 붉게 물들어가는 시간
하늘 끝자락에 구름 한 점
떠있으면 좋으련만
슬픔 같은 거 기쁨 같은 거
함께 묻혀 물들여
가슴에 안겼으면 좋으련만
밤이 샘난 눈길로
길을
재촉하네

은하수의 합창소리

살아보니 삶은
별것이 아니더라
아직도 젊은 딸이
이승의 삶에 달관한
늙은 도학자처럼 내밸네
수평선 너머에서
마지막 아름다움을 짓고 있는 석양
기다리는 마음을 너는 아느냐
썰물 지나간 갯벌 위의 게들
햇볕 내려 쏟아지는 집을 들랑 거리며
삶의 터전에 기뻐하는 울림소리
너는 귀 기울였느냐
사랑하는 딸아
기다리라
상상하고 또 감격 하라
삶은 창조주가 우리에게 주신
특별한 선물이리니

손 마주잡는 날

당신에게 다가오는 벌린 손을
외면한 적이 그 얼마나 많았나
당신에게 화해의 눈빛으로
다가오는 간절함을
모르는 체하는 순간이
그 얼마나 많이 쌓여 있던가

그 순간의 귀중함을 외면하며
행복을 간구하는 당신의 이기심이
불행의 씨앗임을 당신은 기억해야 하리라
꼬옥 기억해야 하리라
자신을 죽이고 손을 잡는 일이
우리의 참기도가 되리라
화해의 눈길을 마주하며
당신의 깊은 고독의 그늘을 보여 줄 때
비로소 참행복의 문턱에 다다르게 됨을
기억해야 하리라

기도

지난 날들
자신을 향하여
기도하지 않으며
다른 사람의 내면을 훔쳐보려
왜 그리도 안달하였을까

방황하는 내 영혼
그 흩날리는 상모 끄나풀 휘어잡고
처음 가 본 남쪽 바다의 낙도
바닷바람에 씻겨나간
돌담의 고샅길

이게 우리 삶이다
속 얼굴이다
혼자서 뇌까리며
철학자가 다 되었다네
담장 밑의 민들레가 빤히 올려다보며
그게 참기도라네
속삭이네

변산반도

옛 사람들은 산골짜기에
절을 지었다
이리저리 산등성이를
쳐다보며 하늘 끝자락이
빠알간 물감으로 범벅이 될 때까지
산속을 걸어서
걸어서
부처님을 찾아갔다

요즈음 사람들은
그들의 힘겨운 삶에서
뿜어 나오는 콧바람을 날리려
바닷가에 집을 짓는다
아픔이 바다로 화살처럼 꽂히고
한숨은 반야심경이 된다
십자가로 태어난다

다람쥐

다람쥐의 욕망 젖은
작은 눈망울이
숨어있는
숲이
조용히 내려앉아 있다
투명한 옷 걸친 가을이
사람들을 부르고 있건만
아쉬움의 푸른 하늘로
뻗어 가는 탄식

찬란하던 낙엽 몸통은
땅 위에서
절규하고

지난날은 어깨동무
시위를 하고
한 쪽 허파 잃은 환자처럼
우리는 숨이 차다

겨울의 숲이 지나고
또 돌아와서

우리들의 앞에 우뚝 서 있어도
이 반가움을 무엇에 비할 것인가
나뭇등걸 땅 속에
움츠리고 있다가
다시 튀어나오는 다람쥐의 모습처럼

산다는 일은 언제나
탄식 사이에서 찾아오는
깨달음이다

소년과 산의 겨루기

어릴 적 바라보던
마을 뒷산
머언
하늘 가에서
아스라이 매달려
내려보시더니

찌든 어른 되어
이 세상 온갖 사연
주렁주렁 가슴에 안고
다시 찾았네

우리 집 처마 끝
이마 맞대고
산이 속삭이네

그 곳에서 천둥처럼
산울림,
바로
산울림이네

포스터

마릴린 몬로를 만났다
차가운 겨울
찻집의 유리창에
김이 내려 앉아
사람들의 얼굴이 흐릿한 거리에서
사람은 가고 없지만
그녀는 웃고 있었다
우리들의 삶에 아직도
그녀가 살아 있다니
역시 인생은 사라져 없어지는
토막이 아니구나
얼음 밑으로 흐르는 따스한
이 흐름의
기억은
또 무엇일까

對話 · 1

휴전선 바로 밑 산골
저녁이 나래를 펴고
정적이 묻어 오는데
아내가 묻는다
처음 당신을 만날 때
아직도 내 얼굴이
기억나요

두 눈에 안개비 내리듯
눈에 떠오르네
그러고 말고
그때의 소녀는
가느다란 두 눈으로
나를 바라보며
흐르는 은하수처럼 웃고 있었다네
그대여

눈 아래 잔주름
몰래 훔쳐보며
세월에게 눈흘기네

對話 · 2

우리가 이 세상
하직할 때면
어느 별로 갈까요
아내가
벚꽃이 흐드러지게 피어
신음하는 어느 날 밤에
묻는다

모르지 나는 모르지
목성일까 수성일까
나도 함께 데려다주어요
가슴에는 뜨거운 용암이 흐르고 있었네
지평선의
끝없는 광경을 상상하며

당신에게 하고 싶은
언어의 전부였다네
우리가 어느 별로 함께 가는 거지
봄밤의 하늘에게
묻는다

8만원 짜리 행복

깡마른 얼굴로
눈 앞에 앉아 계시네
늙은 얼굴에는
선달 열흘 가뭄 묻은
고드름이
열려있네
36키로의 몸무게로
세상 풍파에도 용케
휩쓸려 가지 않고
눈 앞에 앉아 계시네
나이 등께 입이 하도 깔깔 해
생각 나면 밥 한 술 겨우 먹지라우
안돼 안돼 할머니
말라 비틀어진 나물 신세 알지요 잉?
나이 들면 밥 만 먹어서는
안된당께 안되고 말고요
우유 고기도 좀 먹어야 해요
할머니 얼굴에는
헛웃음꽃이 핀다
나라에서 주는 돈
8만원이 나의 전 재산이어

혼자 사는 이 할망구에게
좋은 것 먹어야 오래 산다고 말하네
오래 살면 좋은 세상이 참말로 오긴
온다 더냐 온다 더냐
당신들의 거짓말로
가시덤불 헤치고
산나물 뜯어 비빔밥 만들어 먹고
오래 살면 뭣 하냐
그래 너희들은 지금 행복하냐
행복한 체 하느냐

작은 순례길

골목길을 따라 찾아간다
스페인의 성지 순례길은
아름다운 들판 동네 경치 바라보며
즐거움이 뒤따른다고 하지만
오늘은 힘겹게 열심히 사는 사람들의
의지가 이팝나무 꽃처럼 널려있는
길을 간다

나이 드신 어머니 데레사가
홀로 걸어서 찾으시던 성당 건물 지붕이
멀리 보인다
이층 본당에는
오늘은 미사 봉헌이 없는 날
정문이 닫혀 있다
옆문 열자
전면에 예수님의 십자가상이
고통 가운데도 평화를 내리며
어서 오라는 듯 마주한다
고요함만이 실내를 가득 채우고
두 분의 신자가
묵상기도를 하고 계신다

관절통으로 고생하시던 어머니
나이 들면 모두가 그런다고
애써 아들을 위로하시던
그분의 말을 곧이듣고
넘어갔던 아들이다
성당 계단의 어머니 발자국을 찾아서
오르내리기를 몇 차례
밀려오는 마음의 파도가
너무 아프구나

다듬이 방망이

어여라 그 소리가 들린다
토닥 토닥 신나는 소리
틈틈이 섞여들리는 한숨이
마른 안개처럼
후비며 어머니의 허리와 어깨를
타고 하늘로 오른다

어여라 그 소리가 흐른다
어릴 때 잠에 졸린
귀를 타고 귓속으로
파고들던 그 소리가
그리움 되어
눈앞에 앉아있구나

별똥별

돌담 따라 찾아가는
구불구불한 고향
골목길
빗자루 도깨비가 숨어 사는
큰 감나무집 지붕에서
밤하늘에 뿌려지는
별똥별 잡으려
손 내민다

어둠에 물린
성채 안의 좁은 길
어릴 적 미혹의 쇠사슬 벗어나
별똥별이 비명 지르며
내리꽂는 들녘 너머
밤바다가 멀리서 포효하는 그곳이
어릴 적
내 꿈의 시작이었네

동화가 꽃으로 탄생한 이야기

너를
진즉 다시 만날 수가 있었더라면
귓불 들여다보며 산새처럼
속삭이는 지난 날 그 수많은 이야기들
햐얀 눈이 세상을 감싸던 날
맨발의 우리들은
이 세상 모두가 우리의 것인양
운동장이 좁아라 뛰쳐 다녔지

할머니방 윗목에
런던탑처럼 의젓하게 서 있는 고구마 두대통
깎아 만든 고구마 인형은 우리를 설레게 하였지
꿈꾸는 세상이 눈앞에 널려 있었지

감꽃 피는 계절이 오면은
그 꽃으로 목걸이를
만들어 목에 걸고
어린 왕자가 되었지
넌 어여쁜 공주가 되었지
너를
진즉 만날 수가 있었으면

네 맑은 두 눈에 감꽃을 걸어놓고

고구마로 깎아 만든 꿈의 탑을 세우고
어린 우리로 다시 돌아갈 수가 있다면,
세월에 무슨 길이가 있을까

늙는다는 것

깡마른 주름살 패인 얼굴의
할머니가
내 앞에 앉아 계신다
32키로그램의 몸무게
먹고 싶은 게 없다고 한다
할머니에게 타이르는 내 음성이
떨린다
지금 같아선 조금만 바람이 불어도
할머니는 저 동네 앞산을 넘어
십 리 밖 동네까지
날아갈 것 같네요

밤에 잠이 오질 않은데
밥맛이 있을 턱이 없지라우
눈앞에 어른거리는 객지의 자식들
가난으로 배우지 못해 하루 굶고 하루 일하여
겨우 입에 풀칠을 하는 자식들을 생각하면
잠이 오나요,

눈물샘도 말라서 어른거리는 눈동자에
슬픔이 열린다

고드름이 열린다
찬바람치는 추운 겨울날의
처마에 매달린 고드름이
부르르 떨고 있구나

다도해 섬 어머니

늙은 어머니는 기다림이
일과다
진즉 하늘나라로
가고 만 영감
그나마 곁에 남아있던 두 아들은
어느 날 말도 없이
어머니 두고
가출하고 만다
오늘도
대문에 앉아있다

골목길 지나는 사람은
가뭄에 기다리는 빗줄기
장승이 다 되어 간다
고독이라고 치장하지 말아라
사는 게 그렇고 그런 거라고
시 답지 않는 말로
살아가는 괴로움을
말하지도 말아라

지나가는 동네 개를

손짓하여 불러보나
개도 슬슬 피해 간다
푸른 하늘이 저렇게 떠 있어
지나가는 바람에게 손짓하며
가슴 후벼파는
청춘가를 가슴속 피울음으로 꽃피우며
바위가 되어간다

오디세이와 소년

오디세이를 품에 안고
잠들었던 소년은
물레 소리에 잠 깬다
벽 타고 넘실거리는
석유 등잔 불빛
귀신이다 귀신이다

구부정한 허리에 갸날픈 어깨
오른팔이 천정으로 오르다가
바닥으로 떨어지는
사람 귀신이 춤을 춘다
눈 비비며 놀라는 소년의 눈에 잡히는
할머니 모습

새벽 기침소리가
문 밖에서 들릴 때까지
물레 돌리는 할머니는 고된 한숨 내쉬며
물그릇 당긴다

새날이 밝으면
내 새끼들은 좀 더 좋은 세상 살겄제

밥 안 굶고 사는 그런 세상에서 살게 되겄제

소년은 차마 할머니를 쳐다볼 수가 없었지
어제 만들어 목에 걸었던
감꽃 목걸이
보물처럼 챙겨서 손에 꼬옥 쥔다

지난 날
오디세이와 함께 초록의 들판과
하얀 목화꽃이 출렁이는
바다를 항해하던 그 소년은
지금은
어디쯤 가고 있을까

딸기꽃

딸기꽃 피어나는
철이 왔습니다
어이하여 꽃은
봄날의 사람 애타게 만드는 바람을
껴안아야만 열매를 맺게 될까요
아버지,
혼자서만
입속에서 홀로 부르고
싶어집니다

부끄러워하는 감정은
나이 들어도
어릴 때 얼굴 가리던
습성 때문일까요

봄날 하늘 멀리
딸기꽃 베개 하시며
묻히시기를 스스로 원하시던
당신의 마음을
봄밤 지새며 울어대는
뻐꾹새만 알겠지요

그리움은 모두 이 세상에 묻고
어느 곳을 맴돌며
날으시다가
또다시 딸기꽃 되어
돌아오셨습니다
아버지,
바로 당신의 음성입니다

화원바다

어느 곳에 있는가
땅끝 바다여,
척박한 땅에 사는 사람들이
가난으로 누렇게 뜬 얼굴로
서로 바라보며
팔자타령하던 시절이였네
마을 사람들이 타향으로
떠나갈 때
노을에 섞인 땅끝 마을은
한숨의 땅이었네

섬 자락이 바닷속에서
하늘 등지고 있을 무렵
보리 익기 기다리는 사람들의 언덕은
한숨으로 뒤덮여 있었네

배 곯아 죽은 귀신
산속나무의 송기 자국만 선명한
절망의 마을에도
희망은 남아 있었네
자식들은 절대로 죽어서는

안 되지라우 안 되지라우
집마다 정화수 떠 놓은 그릇이
외롭게 남아 있었네
세상 사는 일에 신화도 많지만
부모들의 삶의 역사가
바로
신화의 한 가닥이었네

겨울비

달그락 달그락 소리
창문 타고 기어드네
어릴 적 할머니 집
듣던 잠결 소리네
잠귀 밝은 할머니는
쌀 훔쳐먹는
곡간 새앙쥐에게 호통하시고
숨죽이며 게릴라 전투하던 소리
동트는 새벽에야 멎을 때
땅이 꺼지던 한숨소리

세상이 어수선하니
온갖 쥐가 들쑤시고
새벽비 되어
잠을 앗아 가네
가슴 저려오는 겨울비야
네 눈물 멎을 때
새날이 오지 않겠느냐

성황당 터

성황당 터가 있는 마을에
300년이 지난 나무가 서 있다
마을 사람들은
그 속에서 있던 소망을
어렴풋이 기억한다
빌었던 소원으로
성황당 나무를 감고 있는
새끼줄 매듭이 많구나
손 비비며 소원 빌던
소박한 사람들 보이지 않고
동네 확성기 소리는
이미자의
동백아가씨가 구성지게
마을을 휘감고 있다

눈 오는 날

새벽부터 눈발이
바람에 흩날리며 내린다
나 어릴 때 이렇게 탐스러운
눈이 내리면 행복하였다
세상이 얼어붙는 추위는
어린 시절의 겨울이다
시골 할머니 집의
처마에 살던 참새네는
어떻게 지낼까 염려되어
자꾸 쳐다본다

마을 뒤 고개를 넘어오는
사람이 있을까
이 눈발에 추위에
반가운 사람이 눈 장막을 뚫고
눈발 사이로 나타나지 않을까
눈 내리는 소리일까,
바람이 오랫동안 돌아다녀서
힘겨운 휘파람 소리일까,
낮은 소리다,

겨울은 적막과 함께 시간을
흘려보낸다
따스한 세상의 숨소리가 꽉 찬 겨울이
우리를 행복하게 하면
얼마나 좋을까
서로의 얼굴 모습이
마음 안으로 스며들면
얼마나 행복할까
어깨동무하며 내리는 눈발처럼
서로 서로 손 마주 잡고
즐거운 흥얼거림으로
이 세상에 감사하면
얼마나 흐뭇할까

겨울장마당

쬐끔 싸게 주씨요
아따 겁나게 싸게 주었는디
그라요
천 원만 더 쓰시요
오사게, 날씨도 춥고 그란데
여기 있소, 천 원
고맙고만요
복 많이 받으씨요 잉

우리들의 삶이
가쁜 숨을 이어가며
겨울 강물이 되어
흘러간다

아내 여소자 루시아와 함께